Conseruur de Carventeus

9962

ALBUM
DE LA
MARMITE

Ludovic BASCHET, Éditeur,
125, boulevard St-Germain.

ALBUM DE LA MARMITE

Dessin de ALEXANDRE-AUGUSTE HIRSCH.

IL A ÉTÉ TIRÉ DE CET OUVRAGE
600 EXEMPLAIRES :

10 Exemplaires de grand luxe sur papier Japon, numérotés 1 à 10.
290 Exemplaires sur papier de Hollande, numérotés 11 à 300.
300 Exemplaires sur papier teinté.

Album

DE

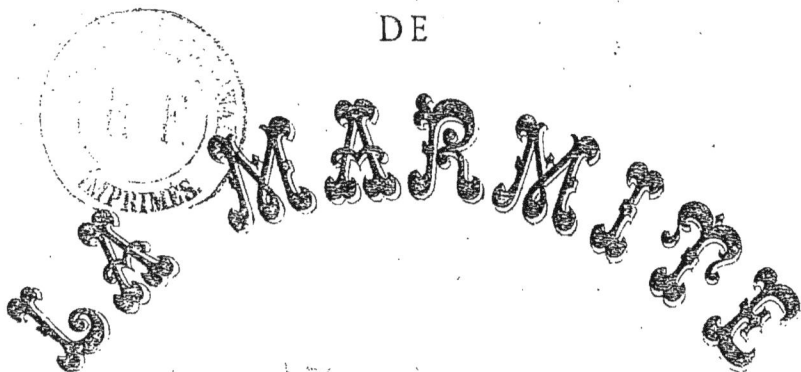

PARIS

LIBRAIRIE D'ART, L. BASCHET, ÉDITEUR

125, BOULEVARD SAINT-GERMAIN

—

1880

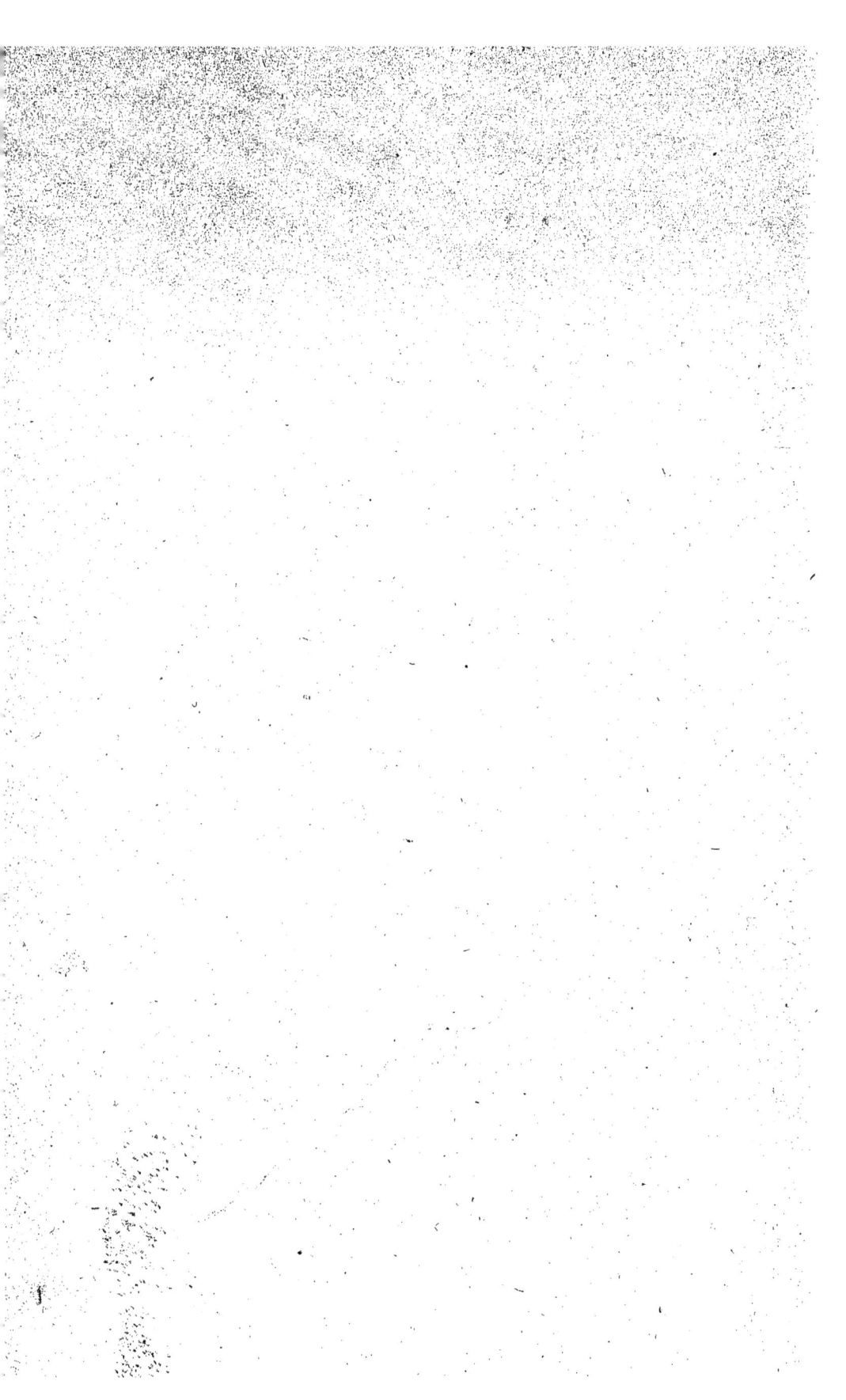

MEMBRES DE LA COMMISSION

DE L'ALBUM

Édouard MILLAUD, Sénateur, *Président*.

Charles LEFEBVRE, Sténographe de la Chambre des députés,
   Questeur.

Marius OLLIVIER, *Trésorier*.

BASCHET, Éditeur.

BEURDELEY, Avocat, Adjoint au maire du VIIIe arrondissement.

KŒCHLIN-SCHWARTZ, maire du VIIIe arrondissement.

Maxime LALANNE, Peintre.

PASQUIER, Conseiller de Préfecture de la Seine.

Victor de SWARTE, Chef du cabinet du Président du Sénat.

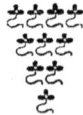

ACHEVÉ D'IMPRIMER

LE 14 JUILLET 1880

(26 Messidor An LXXXVIII)

PAR

CL. MOTTEROZ

A PARIS

COLLABORATEURS

Partie Littéraire

Paul BERT, BRETON, Jules CLARETIE, ERCKMANN-CHATRIAN
GOUDEAU, GRANDMOUGIN, LAURENT-PICHAT,
Ch. LEFEBVRE, Charles LEPÈRE, LOUSTALOT, Édouard MILLAUD
Lucien PATÉ, Général PITTIÉ,
POTEL, POUJADE, Gustave RIVET, Armand SILVESTRE
VALLERY-RADOT

Partie Artistique

BALLAVOINE, BARILLOT, BARTHOLDI, BIENVÉTU
BOETZEL, BERNE-BELLECOUR, Léon COUTURIER, FEYEN-PERRIN
Eugène FEYEN, FRAPPA, GARNIER
GUILLAUMET, GUILLEMET, Auguste HIRSCH, HISTA, JUNDT
KŒCHLIN-SCHWARTZ, Maxime LALANNE, LAVIEILLE, Luigi LOIR
Georges LORIN, Félix LUCAS
Henri MAIGROT, MAILLART, colonel RIU, SERGENT
De VUILLEFROY

Partie Musicale

ANTHIOME, Théodore RITTER

LES PRÉSIDENTS DE LA MARMITE

Dessins de Jules GARNIER

1873-74

1874-75

1875-76

1876-77

1877–78

1878-79   1879-80

La Légende de la Marmite

· Dessin de ALEXANDRE-AUGUSTE HIRSCH.

De nos modernes janissaires
Édouard Millaud le patron,
Maître des gaietés nécessaires,
Devant toi nous baissons le front.

Patrona-Kalil, le grand mythe
Qui règle vos devoirs étroits,
Renversa jadis la marmite
Avec le sultan Achmet trois.

Que ce souvenir vous inspire!
La marmite sent bon et bout;
Mais pas de règne et pas d'empire,
Ou plus de marmite, et debout!

Dessin de ALEXANDRE-AUGUSTE HIRSCH.

LAURENT-PICHAT.

18 janvier 1880.

Le Départ pour la Marmite

Musique de Théodore RITTER

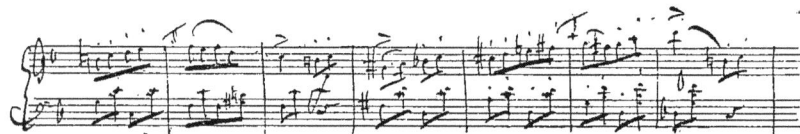

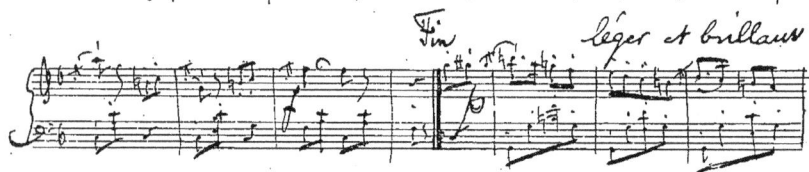

Dîner de la Marmite

MENU DU 30 FÉVRIER

Potage

Julienne Ordre moral
Bouillon de journaux réac

Poisson

Matelote d'anguilles congréganistes

Hors-d'œuvre

Petits séminaristes au vinaigre
Légitimistes conservés

Entrées

Vol-au-vent Philippart
Filets d'Ignorantins aux navets
Tête de veau Sénatoriale à la tortue
Décrets du 29 mars sauce Lepère

Rôti

Dindonneau truffé de bonnes intentions
Salade de carottes électorales
Flageolets opportunistes
Jésuites sautés à la Paul Bert

Entremets

Pets de Nonnes non autorisées — Bombe Épiscopale

Dessert

Petits fours oratoires
Fruits confits dans la dévotion
Gâteau d'amendes correctionnelles

Eau de Lourdes en bouteille
Chartreuse — Bénédictine
THÉ CHAMBORD

Le Questeur,
CH. LEFEBVRE

Dessin de HISTA.

LE LION DE BELFORT. — Dessin de BARTHOLDI

Au Lion de Belfort

DE BARTHOLDI

Prends garde à toi, Lion, c'est toi la sentinelle !
Ni le jour ni la nuit, n'abaisse ta prunelle,
Et tiens ton œil fixé du côté du levant.
Ignore le sommeil. Sous la pluie et le vent,
L'été, par le soleil, et l'hiver, par la neige,
Toujours, quelque tourmente affreuse qui t'assiège,
Ruisselant et glacé, sur ton roc sans abri,
Reste calme, immobile, et ne pousse aucun cri.
Ne t'émeus même pas quand un orage passe.
Laisse les ouragans t'insulter à la face,
Et les aigles poser leurs serres sur ton front.
Des corbeaux et des loups sache accepter l'affront.
Vois se lever là-haut l'Ourse et Cassiopée,
Et refais à la France, en rêve, une épopée.
Écoute si là-bas on chante ou si l'on dort.
Souffre, attends, patiente, ô Lion de Belfort !

Que la foudre en ton sein veille, sans un murmure.
Car la revanche croît, mais n'est pas encore mûre :
Il n'est pas temps encor d'y faire entrer la faux.
Laisse la République achever ses travaux,
Et dans nos forts, creusés comme il sied à des tombes,
Sans relâche entasser les biscuits et les bombes ;
Apprendre à nos partis à n'en former plus qu'un ;
A n'avoir d'ennemis, que l'ennemi commun.
Mais si, voyant ton œil fixe sous ta paupière,
Blotti derrière un mur et te croyant de pierre,
Dans l'ombre, et se jugeant à l'abri du danger,
L'ennemi s'oubliait jusques à t'outrager ;
Si, dans sa fureur lâche, il te prenait pour cible,
O toi, qui des vaincus fus le seul invincible,
Rugis-nous ton Qui-vive ? et contre l'Allemand
Nous nous lèverons tous à ton rugissement !

Lucien PATÉ

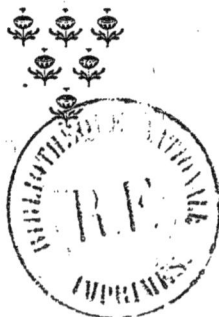

2

AU BORD DU RUISSEAU. — Dessin de VUILLEFROY

La Nuit de Novembre

Dessins de SERGENT

LA MAJORITÉ.

W addington, prends courage, et me donne un baiser!
Vois : le Palais-Bourbon sent ses bourgeons éclore;
La Chambre va rentrer, l'Union s'embraser;
Et déjà l'éloquence, en attendant l'aurore,
A la fin des banquets recommence à jaser.
Waddington, prends courage, et me donne un baiser!

WADDINGTON.

Comme il fait noir dans la vallée!
J'avais rêvé d'une Assemblée
Démolissant un Cabinet!
Elle semblait fort en colère ;
Son pied foulait un Ministère,
Qui, sans rien laisser sur la terre,
Pâlit, s'efface et disparaît.

LA MAJORITÉ.

Waddington, prends courage! Il n'est plus de Versailles.
Le Luxembourg t'attend, dans son parc odorant :
La salle, vierge encore, a doré ses entrailles
Pour le chauve Sénat, qui s'endort en mourant.
Écoute, tout se tait! Mais songe à la rentrée!
Ce soir, cela va bien : la souris affairée
Trottine sur les bancs de son pas le plus doux.
Demain, tous seront là. Tout va changer d'allures,
Et la Droite joindra ses cris et ses murmures
Aux doux chants de S...., son jeune et tendre époux.

WADDINGTON.

Pourquoi mon cœur bat-il si vite?
Qu'ai-je donc en moi qui s'agite,

Dont je me sens épouvanté?
Huissiers, calfeutrez bien ma porte ;

Car le vent qui passe m'apporte
Un bruit qui manque de gaieté.
Dieu! C'est la France qui réclame,
Et se lasse de sa bonté!
Je suis seul. Lisons mon programme!
O solitude! O pauvreté!

LA MAJORITÉ.

Waddington, prends courage. Une ardente jeunesse
Fermente de nouveau dans mes veines, morbleu!
Mon sein est inquiet : car le pays me presse ;
Ses objurgations m'ont mis la tête en feu.

O ministre indolent, vois, je suis sans rancune ;
Notre premier baiser, ne t'en souviens-tu pas ?
Quand je te vis si pâle au pied de la tribune,
Et que, balbutiant, tu tombas dans mes bras ?
Ah ! je t'ai soutenu dans plus d'une occurrence ;
Et c'était par raison, bien plus que par amour.
Mais je ne puis toujours me nourrir d'espérance !
Il faut agir enfin, pour vivre jusqu'au jour.

WADDINGTON.

C'est donc toi dont la voix m'appelle,
O Majorité, c'est donc toi !
O ma mère, ô mon immortelle,
Phalange pudique et fidèle
Qui votes pour l'amour de moi !
Oui, te voilà ! Quand, à la ronde,
Les huissiers, l'urne sur le cœur,
Vont, sondant ta masse profonde,
Je sens, au bonheur qui m'inonde,
Que mon ministère est vainqueur !

LA MAJORITÉ.

Waddington, prends courage. Oui, c'est moi, l'immortelle,
Qui t'ai vu cette nuit triste et silencieux,
Et qui, comme un oiseau que sa couvée appelle,
Pour te donner du cœur, ai pressé mes adieux.

Tu te plains, ô ministre! Un projet solitaire
Te ronge, un vrai projet, à grand'peine enfanté;
Quelque plan t'est venu, qu'on voit au ministère,
Une ombre de décret, un soupçon d'arrêté!
Viens, viens, faisons des lois, formulons des pensées,
Gagnons le temps perdu, les séances passées,
Ouvrons des horizons de la France inconnus.
Il suffit d'éveiller les échos de ta vie;
Faut-il te rappeler la liberté ravie,
Et que, pour la venger, nous sommes tous venus?
Est-il au quai d'Orsay des lieux où l'on oublie?
Agissons aujourd'hui : le pouvoir est à nous.
Laisse un moment l'Écosse et la brune Italie,
Et la Grèce, et l'Épire, échangeant des yeux doux.
Oublions l'étranger, et regardons chez nous.
La Droite est devant moi, vouée aux hécatombes,
Car le prochain scrutin déjà creuse ses tombes;
Sur ces crânes chenus que peuple un poil changeant,
Rare est le cheveu noir, fréquent le fil d'argent.
Mais le Ciel lui sourit, et l'Esprit-Saint inspire
Le belliqueux B....., que la Vendée admire.
Viens, de leurs songes d'or je ne veux rien laisser;
Mais dis-moi seulement comme il faut commencer.
Ce matin, quand le jour a frappé ta paupière,
Ton chef de cabinet, courbé sur ton chevet,
T'apportait des discours — dont tu seras le père,
Et te contait tout bas les scrutins qu'il rêvait.

Dois-je chanter l'espoir, la tristesse ou la joie?
As-tu de tes ressorts fait retremper l'acier?
Ou bien, te balançant sur l'échelle de soie,
Vas-tu d'un Centre à l'autre encore louvoyer?
Voudras-tu pourchasser les ennemis sans nombre
Qui, dans ta maison même, insultent nuit et jour
Un pouvoir qu'ils devraient servir avec amour?
Enfin, leur crieras-tu : Traîtres, rentrez dans l'ombre!
Comme on cherche une perle au fond obscur des mers,
Chercherons-nous les bons, dans l'amalgame sombre
De la magistrature aux jugements amers?
Prendrons-nous un pékin, dont le gendarme rie,
Pour en faire le chef de la gendarmerie?
Oseras-tu jamais de l'innocent bambin
Écarter à la fin le noir ignorantin?
Le pauvre enfant regarde : il sanglotte et supplie;
Pourquoi frapper ainsi? Qu'importe au calotin?
Il se baisse, il l'empoigne, et livre à la curée
De ses brutales mains un corps tout palpitant!
Laisseras-tu Carlos, majesté dédorée,
Chevaucher à Saumur, la troupe le suivant;
Des officiers français faire des révérences
A ce héros nocturne, ami des diligences,
Que l'on voyait jadis, en tremblant, écouter
Le sonore éperon du gendarme irrité?
Vas-tu dire aux amants des vieux temps de la France
De retourner s'asseoir aux créneaux de leurs tours;
Qu'elle est perdue, enfin, la sotte confiance

Qui mit la République aux mains des troubadours ?
Tu sais que je t'en veux. Car, malgré mon envie,
L'homme du Seize-Mai, sauvé par ton secours,
N'a jamais devant moi répondu de sa vie,
De ce qu'il a fauché du troupeau des préfets,
Avant que se dressant, notre France immortelle
Ne l'eût du ministère arraché d'un coup d'aile,
Et sur son front flétri n'eût gravé ses méfaits.
Du grand au tout petit, c'est ton histoire entière.
Gendarme ou percepteur, chaque fonctionnaire
Bien loin de se cacher et d'implorer l'oubli,
S'en vient, tout grelottant d'envie et d'impuissance,
Des vieux républicains insulter l'espérance,
Et mordre le drapeau que son souffle a sali.
En avant, en avant ! Je ne puis plus me taire !
Je serais enlevée à mon tour au printemps.
Je sens derrière moi le pays en colère.
Des actes, à la fin, des actes ! Il est temps !

WADDINGTON.

S'il ne te faut, ma sœur chérie,
Qu'un décret d'une main amie,
Et que deux ou trois sous-préfets,
Je te les donnerai sans peine.
De nos amours qu'il te souvienne,
Car je sens bien que je m'en vais.

Je n'ai jamais eu d'espérance,
Ni de gloire, ni de bonheur.
Ma bouche garde le silence.
Pour gouverner, j'ai trop bon cœur!

LA MAJORITÉ.

Crois-tu donc que je sois revenue à l'automne
Pour me nourrir de pleurs sur le bord d'un tombeau,
Et voir mes volontés s'en aller à vau-l'eau?
Waddington, un baiser : c'est moi qui te le donne.

L'herbe que je voudrais arracher de ce lieu,
C'est ton oisiveté. Donc agis, de par Dieu!
Au cœur des factieux frappe d'une main sûre;
Ne crains pas d'élargir la béante blessure;
Aux cris de l'ennemi mesure sa terreur;
Rien ne nous rend si forts qu'une forte fureur.
Mais pour en être atteint, ne crois pas, ô ministre,
Que tu doives toujours garder cet air sinistre.
Nous aimons tous à rire, enfants de Rabelais,
Et les plus sérieux sont parfois les plus gais!
Crois-moi, l'on n'aime pas, dans notre brave France,
Ce ton mélancolique et ces airs de souffrance.
Ce qu'on veut, qu'on attend avec anxiété,
C'est un gouvernement à mâle volonté,
Qui marche le front haut, parle avec assurance,
Et fasse à tous sentir sa ferme autorité.

Quand Lepère et Ferry, lassés d'un long voyage,
Dans les brouillards d'Octobre au Conseil sont rentrés,
Ils ont dû te conter quel magnifique hommage
Rendaient à ton pouvoir les peuples enivrés!.
Et comme ils accueillaient avec des cris de joie
Tes plus humbles amis! Comment, sentant leur proie
S'échapper libre enfin, les frocards effarés
Proféraient l'anathème, en cris désespérés.
N'as-tu donc rien senti sous la gauche mamelle,
Pour n'avoir pas saisi l'occasion si belle?

Croyant le jour venu des éternels adieux,
Nos ennemis perdaient leur insolente audace,
Et le bonapartiste, oublié dans sa place,
Sentant passer la mort, reniait tous ses Dieux!
Ah! c'était le moment! De cette ardeur sublime
Il fallait profiter. Vois-tu, c'est presque un crime,
Alors qu'un peuple entier s'émeut, crie en avant!
De ne pas avec lui tourner son aile au vent.
Va, ce n'est pas ainsi que font les vrais ministres.
Ils laissent bavarder ceux qui vivent un temps;
Mais en un tour de main ils balayent les cuistres,
Et par des actions marquent tous leurs instants.
Avec eux, il n'est point d'espérances trompées;
Ils sont francs, nets et droits, comme sont les épées;
A chacun, sans effort, ils dictent le devoir;
Car savoir c'est vouloir, et vouloir c'est pouvoir!

WADDINGTON.

Majorité, sois raisonnable,
Ne m'en demande pas si long :
Pourrais-je écrire sur le sable
A l'heure où passe l'aquilon?
L'article 7 a, sur nos têtes,
Déchaîné de rudes tempêtes!
Que ne suis-je petit oiseau!
Des deux côtés c'est le martyre;

Car tout ce que tu viens de dire,

Si je l'essayais sur ma lyre,

Les sénateurs, dans leur délire,

Me briseraient comme un roseau.

PAUL BERT

26 novembre 1879.

Epigraphe

Sur un livre de Montaigne

~~~~~~~~~~

Malgré la bonne foi dont il fit son enseigne,
Ne le croyez pas trop ce gascon de Montaigne.
Cette sincérité qui le met en crédit,
Se plie à mainte adresse, à mainte réticence.
Il en dit quelquefois un peu plus qu'il n'en pense,
Il en pense souvent beaucoup plus qu'il n'en dit.

<div align="right">

R. VALLERY-RADOT.

</div>

UN BAZAR A TIFLIS. — Dessin de KŒCHLIN-SCHWARTZ

La Vanneuse

La Vanneuse est debout sur la grève où tout dort,
Et ses bras que déploie un mouvement rythmique,
Devant elle jetés dans une pose antique,
Tiennent l'osier d'où fuit une poussière d'or.

❦

Sur un ciel où le jour s'éteint, son fier visage
Profile une ombre austère et charmante à la fois,
Et le vent frais qui court de la mer vers les bois
Sur son buste et ses seins a moulé son corsage.

❦

On voit qu'elle a nourri de robustes enfants,
Que l'aîné n'est pas vieux et que tous sont vivants,
Et que son âme ainsi que la mer est profonde.

❦

Elle est aussi, dans sa sereine majesté,
Notre nourrice à tous, car son labeur féconde
La mamelle géante où boit l'humanité !

ARMAND SYLVESTRE.

LA VANNEUSE. — Dessin de FEYEN-PERRIN.

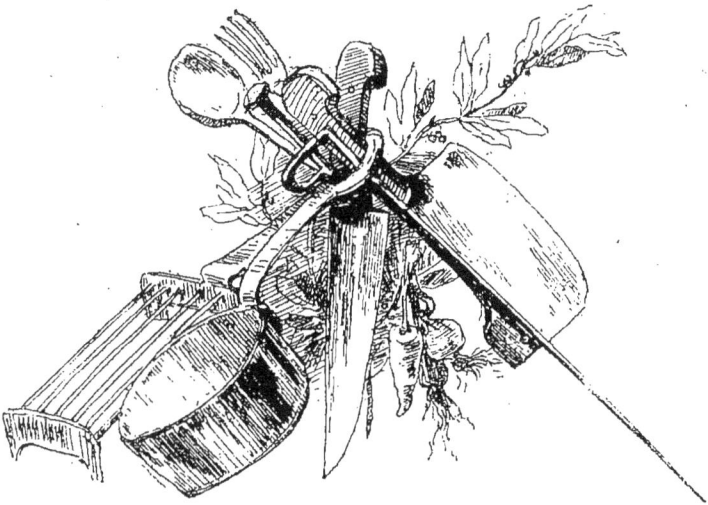

La Revanche des Bêtes

et

La Revanche des Fleurs

Dessins de BARILLOT et de BALLAVOINE

~~~~~~~~~~~~

I

Tu tapes sur ton chien, tu tapes sur ton âne,
Tu mets un mors à ton cheval ;
Férocement tu fais un sceptre de ta canne,
Homme, Roi du Règne Animal.

Quand tu trouves un veau, tu lui rôtis le foie,
Et bourres son nez de persil,
Tu tailles dans le bœuf, vieux laboureur qui ploie,
Des biftecks saignants sur le gril;

Le mouton t'apparaît comme un gigot possible,
　　Et le lièvre comme un civet ;
Le pigeon de Vénus te devient une cible,
　　Et tu jugules le poulet...

Oh ! le naïf poulet qui, dès l'aube, caquète !
　　Oh ! le doux canard coincoinant !
Oh ! le dindon qui glousse, ignorant qu'on apprête
　　Les truffes de l'embaumement !

Oh ! le porc dévasté dont tu fais un eunuque,
　　Et que tu traites de cochon,
Tandis qu'un mot quadruple et fatal le reluque
　　Manè ! Thécel ! Pharès ! Jambon !

Tu pilles l'Océan, tu dépeuples les fleuves,
　　Tu tamises les lacs lointains —
C'est par toi qu'on a vu tant de limandes veuves,
　　Et tant de brochets orphelins !

Tu restes insensible aux larmes des sardines
　　Et des soles au ventre plat !
Tu déjeunas d'un meurtre, et d'un meurtre tu dînes,
　　Va souper d'un assassinat !

Massacre dans les airs la caille et la bécasse...
　　Sombre destinée : un salmis !
Tandis qu'un chou cruel guette d'un air bonasse
　　Le cadavre de la perdrix.

Mais est-ce pour manger seulement que tu frappes,
　　Dur ensanglanteur de couteaux ?
Non ! Les ours, les renards, les castors pris aux trappes,
　　Sont une mine à paletots ;

Tu saisis le lion, ce roi des noctambules,
  Dont le désert s'enorgueillit,
Pour faire de sa peau sous tes pieds ridicules
  Une humble descente de lit.

Mais le meurtre c'est peu, le supplice raffine
  Tes plaisirs de dieu maladif;
Et le lapin, nous dit Le Livre de Cuisine,
  DEMANDE qu'on l'écorche vif!

Et l'écrevisse aura, vive, dans l'eau bouillante,
  L'infernal baiser du carmin;
Et, morne enterrement! l'huître glisse vivante
  Au sépulcre de l'abdomen.

Mais il viendra le jour lugubre des Revanches,
  Et l'âpre nuit du Châtiment!
Quand tu seras là-bas entre les quatre planches
  Cloué pour éternellement!

Oh! l'Animalité te réserve la peine
  De tous les maux jadis soufferts;
Elle mettra sa joie à te rendre la haine
  Dont tu fatiguas l'Univers.

Or elle choisira le plus petit des êtres,
  Le plus vil, le plus odieux,
Un ver, qui s'en ira pratiquer des fenêtres
  Dans les orbites de tes yeux.

Il mangera ta lèvre ardente et sensuelle,
  Ta langue et ton palais exquis;
Il rongera ta gorge et ta panse cruelle,
  Et tes intestins mal acquis;

Il ira dans ton crâne, au siège des pensées,
Dévorer lambeau par lambeau
Ce qui fut ton orgueil et tes billevesées,
Les cellules de ton cerveau.
L'âne s'esclaffera, voyant l'Homme de proie
Devenu Rien dans le grand Tout,
Le pourceau dans son bouge infect aura la joie
D'apprendre ce qu'est le dégoût;
Et les bêtes riront dans la langue des bêtes
De ce cadavre saccagé
Par la dent des impurs fabricants de squelettes...
Quand le Mangeur sera mangé.

II

Mais quand l'accomplisseur de l'œuvre de vengeance
Aura dit : fini le Géant !
La Nature avec sa maternelle indulgence
Clôra la gueule du Néant,
Car tu fus quelquefois doux et plein de tendresse,
O triste roi des Animaux,
Quand au pays d'Amour tu menais ta maîtresse
Cueillir les printaniers rameaux.
T'en souvient-il ? tu mis parfois à sa ceinture
Le bouquet, doux comme un ami,
Et les lilas avec un odorant murmure
Sur sa gorge aimée ont dormi.

Pauvre mort, délaissé par ta maîtresse veuve,
  Dans la fosse, rappelle-toi
Le pot de réséda, la violette neuve
  Sur la fenêtre au bord du toit.
Comme tu les aimais, les chères campagnardes
  Fraîches sous leurs chapeaux rosés !
Comme elles t'envoyaient de leurs lèvres mignardes
  Des parfums chargés de baisers !
Tu fus bon pour les fleurs, elles suivront ta cendre
  Jusqu'à la région des Morts ;
Leurs racines iront sous la terre reprendre
  Les particules de ton corps ;
Elles se changeront, les douces envoyées,
  En alambics mystérieux,
Elles distilleront tes chairs putréfiées
  Pour en faire un charme des yeux.
Si ta veuve s'en vient vers cette sépulture,
  Ce qui ne paraît pas bien sûr !
Les fleurs auront voilé l'abjecte pourriture
  Sous un linceul d'or et d'azur ;
Et plus tard quand ton Corps, cette chose innommée,
  Que tenait le Néant-Sommeil,
Aura, grâces aux fleurs, dans la vie animée
  Repris une place au soleil,
Par les airs, un beau soir d'été plein de chimère,
  De chants d'amour et de splendeurs,
Voleront, délégués par la Nature-Mère,
  Des papillons ambassadeurs ;

Sur la tombe ils viendront en costumes de fêtes
    Porter le baiser ingénu,
Le baiser de pardon envoyé par les Bêtes,
    Quand tu seras Fleur devenu.

                      Émile GOUDEAU.

UN FOU. — Dessin de JULES GARNIER

6

Doléances d'un Lévite

« Miserere. — *Seigneur, ayez pitié de moi !*
  L'Antechrist est venu sur terre !
  O saint abri du séminaire,
Défends contre ses coups le troupeau de la foi.

☙

« *Hélas ! j'avais rêvé des jours pleins d'allégresse,*
Loin du bruit des combats, loin des ennuis des camps ;
Faut-il que Gambetta dissipe cette ivresse
    Par l'affreux discours de Romans !

☙

« *Adolescent, j'aspire à confesser les vierges.*
« *Ma fille... dites tout... je suis doux... parlez bas. »*
O Dieu de paix, faut-il abandonner les cierges
    Pour manœuvrer le fusil Gras ?

☙

« *A la France étranger, j'ai Rome pour patrie,*
Et mon noir général au Gesù fait la loi.
Je veux du Syllabus faire ma théorie :
    Je suis soldat du pape-roi !

☙

« *Un tribun va prêchant la liberté des âmes !*
Doux Jésus, votre bras est-il donc désarmé ?
La terre sous ses pieds ne vomit pas de flammes ?
    Vous aussi, vous a-t-il charmé ?

Dessin de FRAPPA

« *Tout est perdu pour nous : l'ordre et la République*
Au pays vont donner paix et prospérité.
On ne s'égorge plus sur la place publique
    Au nom d'un Dieu de charité !

          ع

« *Ne reverrons-nous plus le temps où la torture*
Forçait les mécréants à devenir des saints ;
Où le Roi, notre ami, dans une nuit obscure
    Tuait ses sujets de ses mains ?

          ع.

« *Les bûchers sont éteints ! Pleurez, pieux solitaires !*
Un caporal fera pivoter à sa voix
Les fils de Loyola traités en réfractaires,
    Eux qui faisaient trembler les rois ! »

          ع

« *Au démon de Cahors, de Freycinet s'allie,*
Et des décrets maudits vont fermer nos maisons !
Paris ne verra plus la figure pâlie
    Des fouetteurs de petits garçons. »

          ع

Un clerc chantait ainsi sa mauvaise fortune,
Et les dalles du chœur meurtrissaient ses genoux :
« *Parce, parce, Deus. — Seigneur, épargnez-nous !*
    S'il faut subir la loi commune,
    La soutane est chose importune,
Je veux, tout comme un autre, être amant, père, époux ! »

                        A. POTEL.

PÊCHEUSE. — Dessin d'Eugène FEYEN

Épithalame

Votre aurore fut une fête
Et pour les cœurs et pour les yeux ;
On prédit sans être prophète
Un astre prochain dans nos cieux.

Étoile du Bassin, brillante
D'un calme éclat, pour tous égal,
Nul de votre âme transparente,
N'avait troublé le pur cristal.

Vous vous laissiez aimer..., mais l'heure,
L'heure a sonné pour votre cœur ;
Il faut que l'insensible meure :
Voici venir le cher vainqueur.

L'amour fait ce nouveau miracle,
Douce peine du talion,
Que tu te donnes sans obstacle,
Galatée, à Pygmalion.

G. LOUSTALOT,
Député.

Bassin d'Arcachon, 21 septembre 1868.

TROUVILLE. — Dessin de Maxime LALANNE

Pensées d'une huître d'Ostende

Dessin de Luigi LOIR

Heureuse ! je le suis, étant hermaphrodite,
Et ce n'est jamais vainement
Que mon cœur s'embrase et palpite,
Car j'incarne à la fois et l'amante et l'amant !
Quelle ivresse ! c'est à moi-même
Que je fais tendrement la cour !
Je me sollicite et je m'aime,
Et je suis à moi seule un long duo d'amour !
Ce pays-ci me plaît : il est plat et tranquille.
J'accepte en souriant le soleil de midi
Qui frappe lourdement sur les toits de la ville,
Où le bourgeois rêve, engourdi !
Le morne désert de la dune
Convient à ma sérénité,
Et je ris du baigneur dont l'esprit agité
Cherche de plage en plage une bonne fortune !
Pour moi je demeure où je suis,
Et je me trouve toujours belle :
Restant à mes charmes fidèle,
Je vois fuir, en extase, et mes jours et mes nuits !

Narcisse m'enviait, lui qu'on vit, triste et blême,
Mourir d'amour, hélas ! pour sa propre beauté,
    Et qui ne put avec lui-même
    Réaliser l'hymen follement convoité !
Aussi l'homme est jaloux : il me parque et me mange
Et d'un jus de cuisant citron mêle mon eau ;
    Mais, quand je peux, je me venge,
    Empoisonnant celui qui me sert de tombeau.

CH. GRANDMOUGIN.

Ma Devise

SONNET

Mon âme vient du peuple et n'en est pas plus vaine.
Sur le tronc vermoulu d'un frêne ou d'un ormeau,
Je n'ai jamais greffé d'héraldique rameau,
Et c'est un sang d'hier qui coule dans ma veine.

Ma mère, le front ceint d'acanthe et de verveine,
A grandi, libre et chaste, au milieu d'un hameau ;
Mon aïeul, dédaigneux des fadeurs du trumeau,
Suça le maigre sein de la pâle déveine.

Mais si l'Armorial ne connaît pas mon nom,
Si les plis ondoyants de mon obscur pennon
Ne flottent point aux murs de Solyme conquise,

Pour l'éternel honneur du fils qui me naîtra,
En ce vers sobre et franc j'exalte ma devise :
Fais ce que dois toujours, advienne que pourra !

FRANCIS PITTIÉ

CROQUIS, par Léon COUTURIER

Dis-moi, quel est ton pays ?

CHANT ALSACIEN

I

Dis-moi, quel est ton pays,
Est-ce la France ou l'Allemagne?
C'est un pays de plaine et de montagne,
Une terre où les blonds épis
En été couvrent la campagne ;
Où l'étranger voit, tout surpris,
Les grands houblons en longues lignes,
Pousser joyeux, au pied des vignes
Qui couvrent les vieux coteaux gris ;
La terre où vit la forte race,
Qui regarde, qui regarde les gens en face :
C'est la vieille et loyale Alsace !

II

Dis-moi, quel est ton pays,
Est-ce la France ou l'Allemagne ?
C'est un pays de plaine et de montagne,
Que les vieux Gaulois ont conquis

Notre ami Sellenick, chef d'orchestre de la Garde républicaine, a composé sur ces belles paroles d'Erckmann-Chatrian, un air plein de patriotisme que le court espace dont nous disposons ne nous permet pas de reproduire.

Deux mille ans avant Charlemagne,
Et que l'étranger nous a pris;
C'est la vieille terre française
De Kléber, de la Marseillaise,
La terre des soldats hardis,
A l'intrépide et froide audace,
Qui regardent toujours la mort, en face :
C'est la vieille et loyale Alsace!

III

Dis-moi, quel est ton pays,
Est-ce la France ou l'Allemagne ?
C'est un pays de plaine et de montagne,
Où poussent avec les épis,
Sur les monts et dans la campagne,
La haine de tes ennemis,
Et l'amour profond et vivace,
O France, de ta noble race !
Allemand, voilà mon pays.
Quoi que l'on dise et quoi qu'on fasse,
On changera plutôt le cœur de place,
Que de changer la vieille Alsace!

ERCKMANN-CHATRIAN.

LA CAGE DES SINGES. — Dessin de BERNE-BELLECOUR

VUE D'ASSAFIA (Sahara). — Dessin de L. GUILLAUMET

Le vieux Quartier latin

Dessins de Maxime LALANNE et Georges LORIN

Air : *T'en souviens-tu.*

*A*llons ! c'est fait ! je puis plier bagage
Et dire adieu pour toujours à Paris ;
Que faire ici ? j'ai les mœurs d'un autre âge,
Du vieux quartier je suis le seul débris ;

Dernier rameau d'une tige brisée,
La raviver, je l'essaierais en vain;
Des vieux gouapeurs la race est trépassée...
Non, il n'est plus le vieux quartier latin!

Il est fermé, notre dernier refuge,
De Massenot le vieil estaminet;
Le rams antique et l'effet rétrofuge
Sont délaissés pour un sot lansquenet.
L'étudiant, ferré sur l'étiquette,
A l'Opéra se prélasse en pékin,
L'étudiante est aujourd'hui lorette...
Non, il n'est plus le vieux quartier latin!

Ils ont quitté ces vieux nids séculaires,
Par nos anciens et par nous culottés,
Nobles taudis où les noms de leurs pères
Peut-être encor sont aux murs incrustés!
Eux, ces lions, loger dans ces baraques!...
Il leur fallait le faubourg Saint-Germain;
Ils m'ont laissé seul au quartier Saint-Jacques...
Non, il n'est plus le vieux quartier latin!

8

Comme un morveux tremblant qu'on le regarde,
Quand il raccroche une fille le soir,
C'est à huis-clos qu'ils fument leur bouffarde,
Qu'ils n'oseraient montrer sur le trottoir.
« La pipe au peuple! » a crié la lorette,
Stupide écho de son vieux galantin :
Ils ont ployé devant cette étiquette...
Non, il n'est plus le vieux quartier latin !

Vieux brûle-gueule à la couleur d'ébène,
Va, tu vaux mieux que cent panatellas !
De ces mignons, sous ta brûlante haleine,
Défailliraient les frêles estomacs ;

Mais qu'en suçant son cigare un d'eux vienne
Sur toi jeter un regard de dédain...
Je te lui f...lanque, et, morbleu ! qu'il apprenne
A respecter le vieux quartier latin !

Type charmant, fille vive et pimpante,
Au frais minois, dessous un frais bonnet,
Où donc es-tu, gentille étudiante,
Reine autrefois de noces sans apprêt ?
Du feu du punch infidèle vestale,
Te voilà dame à la Cité-d'Antin...
Ah ! qu'un fichu t'allait bien mieux qu'un châle...
Non, il n'est plus le vieux quartier latin !

Honte sur vous, sur vous, ingrates filles,
Sur vous, Clara, Maria, Mogador
Et Pomaré, *reine de leurs quadrilles,*
Qui dans ce lit couchiez naguère encor...
Et que je vois, en splendide toilette,
Dans un coupé trônant sur le satin,
M'éclabousser et détourner la tête,
Non, il n'est plus le vieux quartier latin !

✿

Sophie-Ponton, *au fond de ta province,*
En tricotant, le soir, loin du Prado,
N'entends-tu pas comme un démon qui grince
A ton oreille un air de Pilodo ?

Au souvenir du Quartier, pauvre fille !
La laine échappe à ta rêveuse main,
Ton cœur s'émeut... Va, reprends ton aiguille...
Non, il n'est plus le vieux quartier latin !

Étudiants, mes petits, soyez sages,
Ne mangez plus vos consignations,
Car vos papas, par d'indiscrets messages,
Sont au courant de vos inscriptions.
Doyen intrus, un Suisse sacrilège
Sur la carotte ose porter la main...
Et l'on vous traite en gamins de collège....
Non, il n'est plus le vieux quartier latin !

Mon béret rouge, en te voyant paraître,
Chaque mouchard se sentait de frisson ;
Je t'agitais joyeux sous la fenêtre
De Lamennais sortant de sa prison ;
Je conduisais Laffitte au cimetière,
Pieusement te tenant à la main...
Et l'on t'arrête au seuil de la Chaumière !...
Non, il n'est plus le vieux quartier latin !

Si, de mon temps, des chambres corrompues,
Avaient voté l'indemnité Pritchard,
Six mille voix dans un cri confondues
Auraient hué leur ministre couard ;
Mais qu'aujourd'hui gronde la Marseillaise,
Ils ne sauraient en trouver le refrain ;
Car, c'en est fait, la jeunesse française
Est morte avec le vieux quartier latin !

. . . .

Je me souviens qu'une troupe serrée,
Quand l'un de nous au pays retournait,
L'accompagnait, et sa veuve éplorée
Marchait en tête et jusqu'au soir pleurait !...
Chez la Moreaux, en y choquant son verre,
Au vieil ami chacun pressait la main...
Et moi j'y prends ma prune.... solitaire.
Non, il n'est plus le vieux quartier latin !

Ch. LEPÈRE

Étudiant en droit.

Paris, 1846.

LA NUIT. — Dessin de MAILLART

Quatrains d'album

*P*ourquoi veux-tu que ma pensée
Qui t'obéit aveuglément
Dans une phrase cadencée
Cherche un puéril ornement ?

Ah ! renonce à ta fantaisie
En y cédant je gâterais
Sous un vernis de poésie
Des sentiments simples et vrais.

Ces poètes qui nous enchantent
Sont des menteurs ingénieux ;
Ils n'éprouvent pas ce qu'ils chantent
Dans leur langage harmonieux

L'amour malaisément s'exprime ;
Le bonheur n'est pas grand parleur ;
La douleur qui cherche une rime
Est une bien faible douleur.

Ange aimé, dont un seul sourire
Un seul regard me rend heureux,
Tout ce que je pourrais t'écrire,
Tu l'as lu cent fois dans mes yeux !

R. VALLERY-RADOT.

VILLERVILLE. — Dessin de GUILLEMET

Les deux Bébés

Dessins de Georges LORIN

E mmitouflé dans le velours,
Les mitaines et la fourrure,
Joli nargueur de la froidure,
Et rose — comme les amours : —

Un bébé mignon, une fille,
Jouait dans la blanche toison
De neige, dormant sur la grille
Du grand jardin de sa maison.
Tantôt, les deux mains étalées,
Moulant des formes étoilées,
Comme les pattes des oiseaux ;
Tantôt, avec de longs museaux,
Dessinant des têtes étranges,
Puis, faisant des crans sur les franges
Des moulures, du bout du doigt,
Ou bien de longs sillons, tout droit,
Et puis encor, capricieuse,
Avec effort, elle poussait
La neige, par masse, et rieuse,
De flocons blancs s'éclaboussait.
Lors, un bébé, tout en guenille,
Vint à passer, près de la grille.
Rêveur, il hésite un moment,
Puis, s'approchant tout doucement :
« Dis-donc, sais-tu, Mademoiselle,
La belle neiꝫe, ça vous ꝫèle ;
Et l'on s'enrhume, par le froid.
Gare ! si ta maman te voit. » —
« Oh ! ꝫ'ai ꝫaud, reprend la mignonne,
Z'ai des gros gants, vois plutôt, donne
Ta main. Mais ! tu vas ꝫeler, toi !
Et tu souffles dans tes menottes !

Tiens ! veux-tu ʒouer avec moi ?
Oh ! tes pieds sont nus ! tu grelottes !...
Tu n'as donc pas une maman
Qui t'aʒète des beaux costumes,
Des mançons, des çapeaux à plumes,
Avec tout plein de l'ornement ? » —
« Oh ! si ! ʒ'ai bien une maman.
Elle est bonne, va ! seulement,
Elle n'a pas de beaux costumes,
Pas de bon lit çaud, pas de plumes....... » —
« Pas de lit pour dormir ! Alors,
Tous les deux, vous couçeʒ dehors ? » —
« Oh ! non ! mais dans une mansarde,
Sous un grand mur qui se léʒarde
Tout du long, et me fait bien peur.
Ce serait peut-être un bonheur
Qu'il nous écraʒe un jour, dit mère,
Moi malade, et ton pauvre père
Mort, que pourrons-nous devenir ?
Tu sais... moi.... ʒe veux pas mourir ! » —
« Alors ! si ta mère est malade,
Que fais-tu, sur la promenade,
Si déserte dans ce moment ? » —
« Ze çerçe des sous... pour maman !
Tu sais... le pain blanc que l'on ʒette
Aux petits oiseaux, çà s'aʒète !
Çà s'aʒète aussi, le çarbon !
Quand il est rouʒe, c'est bien bon ! » —

« Des sous ! mais dans ma tirelire,
Z'en ai... z'en ai bien au moins cent !
Oh ! oui !.. c'est pour apprendre à lire,
Dans des livres de zour de l'an
Tout dorés, avec des imazes,
Comme on en donne aux enfants sazes !..
Si tu veux, nous lirons tous deux !
Moi, ze n'ai pas de petit frère,
Sois le mien, dis ? Petite mère
Voudra bien. Tu seras heureux
Ze t'azèterai des bottines !
Viens voir maman ! Z'ai des pralines
Plein un grand sac bleu, t'en auras !
Et toutes ces vilaines çoses
Qui donnent froid, lorsque tu causes,
Eh bien ! tu lui raconteras.
Aide-moi, tiens ! Pousse la porte
Fort ! ze ne suis pas assez forte
La voilà ! Donne-moi ta main
Ze vais te montrer le çemin ! »

Ce joli tableau, dans la neige,
Un ange, qu'un autre protège,
Séduisit vite la maman.
On ne perdit pas un moment,

Vite on cria : « Jean! Qu'on attelle! »
Vite on questionna l'enfant :
« Ta maman, où demeure-t-elle? »
Et cela, tout en réchauffant
Les pauvres pieds nus.... Par la grille,
Un instant après, un coupé,
Emportait, bien enveloppé,
Le bébé.... la mère et la fille.

GEORGES LORIN.

La Maison endormie

Dessin de Luigi LOIR.

J'aime une maison qui sommeille,
Morne, sous le ciel azuré,
Son banc désert, sa jeune treille,
Quand pas une lampe qui veille
N'en trahit le beau fruit doré;

Quand toute fenêtre est bien close,
Que nul rideau n'y tremble au vent,
Et que la vierge qui repose,
Comme un papillon sur la rose,
Poursuit son rêve décevant;

Quand on n'entend plus un murmure,
Plus un écho même affaibli,
Et que l'indulgente nature
Sur tant de maux que l'homme endure
Verse un peu de calme et d'oubli!

Aussi, le soir, quand sur ma route
S'offre quelque blanche maison,
J'aime à la contempler, j'écoute,
Et, de peur d'éveiller sans doute,
Je foule, sans bruit, le gazon.

LUCIEN PATÉ.

LA PROMENADE. — Dessin du colonel RIU

LE RIDEAU DE MA VOISINE. — Musique d'ANTHIOME — Paroles de A. de MUSSET

LA MUSIQUE. — Dessin de Félix LUCAS

Avril à l'hôpital

On rencontre partout, à la Salpétrière,
Sur les bancs du jardin embaumé de lilas
Ou, le long des murs gris chauffant leurs membres las,
Des vieilles marmotant une vague prière.

❦

Assemblage de maux et tribu singulière ;
Femmes en cheveux blancs qui ruminent tout bas,
Et qui vont lentement, laissant traîner leurs pas,
Tristes et t'évoquant, vision familière !

❦

Leur déclin est plus sombre au clair soleil d'avril,
Et sous leurs fronts ridés à peine reste-t-il
Quelque perception des choses existantes.

❦

Pauvres femmes ! Débris humains ! Cerveaux perclus !
Après avoir aimé, souffert, elles n'ont plus
Que ce nom poétique et doux : les reposantes !

20 avril 1880.

Jules CLARETIE.

UNE CANCALAISE. — Dessin de Eugène FEYEN

La Fusion

ou

Le Retour au Bonnet de coton

1873

Allons! reprends ta marche oblique,
Pauvre France, vire de bord !
Et du haut de ta République,
Tombe dans les bras de Chambord !
Prends garde, la couleur garance
Est très malsaine, nous dit-on !
« Quitte ton bonnet rouge, France,
Pour mettre un bonnet de coton ! »

Nobles ! dansez la séguedille,
Car le prince du droit divin
Arbore sa blanche guenille.
Quatre-vingt-neuf n'est qu'un mot vain !
Le moyen âge recommence ;
Manants, gare aux coups de bâton,
« Quitte ton bonnet rouge, France,
Pour mettre un bonnet de coton ! »

⚜

Saluez le règne des cuistres,
Des jésuites et des curés ;
Tous les cagots seront ministres
Et les capucins décorés ;
Le moine arrondira sa panse
Et pourra tripler son menton !
« Quitte ton bonnet rouge, France,
Pour mettre un bonnet de coton ! »

⚜

A bientôt la triste hécatombe
Des droits et de la liberté,
Bientôt ils mettront dans la tombe
Tous les grands cœurs pleins de fierté.
En signe de réjouissance
Ils chantent sur leur mirliton :
« Quitte ton bonnet rouge, France,
Pour mettre un bonnet de coton ! »

11

Ils disent : « Que pas un n'échappe !
» Mort au sans-culotte maudit !
» Nous voulons rétablir le pape,
» Et fusiller Garibaldi.
» A nous maintenant la puissance !
» Gare à vous, Brutus et Caton !
» Quitte ton bonnet rouge, France,
» Pour mettre un bonnet de coton ! »

❧

« Républicain ? — Vite à Cayenne !
» Philosophe ? — A la question !
» Que nul de ceux-là ne revienne
» Troubler notre digestion.
» Ne tolérons plus l'insolence
» Des gens qui parlent de raison !
» Quitte ton bonnet rouge, France,
» Pour mettre un bonnet de coton ! »

❧

« Cette liberté de la presse
» Nous gêne ; nous la supprimons !
» On lira les livres de messe,
» On écoutera les sermons ! —
» Et le premier homme qui pense
» Nous l'enfermons à Charenton !
» Quitte ton bonnet rouge, France,
» Pour mettre un bonnet de coton ! »

La France, — il faut qu'on te le dise,
O peuple qu'ils voudraient lier, —
Ne fera qu'une grande église
Dont le roi sera marguillier.
Devant tes vainqueurs en démence
Humble tu courberas le front!
« Quitte ton bonnet rouge, France,
Pour mettre un bonnet de coton! »

Peuple qui veux marcher à l'aise
Ils vont te coudre dans un sac.
Toi qui chantais la Marseillaise
Tu vas entonner Salvum fac!

C'était l'hymne de délivrance.
Hélas! tu changerais de ton!
« Quitte ton bonnet rouge, France,
Pour mettre un bonnet de coton. »

Ne souffre plus qu'on t'assassine
O grand peuple, — Empereur ou Roy
C'est toujours la même farine; —
Ne t'y fais plus pincer! Crois-moi!
Cette royauté sent le rance.
N'es-tu pas las d'être un mouton?
« Garde ton bonnet rouge, France,
Au feu le bonnet de coton! »

Gustave RIVET.

SOUVENIR DU SIÈGE DE PARIS. — Dessin de SERGENT

Au Revoir !

Enfin, donc, votre pied ne souille plus la France,
Et nos cœurs dégonflés, rouverts à l'espérance,
Peuvent se retremper pour le prochain devoir.
Nos petits grandiront en flairant votre trace ;
Et, par-dessus la Vosge, en face de l'Alsace,
Nous ne vous disons pas adieu, mais Au Revoir !

Elle sonnera l'heure, où la vieille Allemagne,
Se dressant sur le lit du nouveau Charlemagne,
Où Bismarck a semé les lauriers à foison,
Regardera de loin, l'œil rempli d'épouvante,
Surgir tout doucement une lueur sanglante
Qui, par delà les monts, rougira l'horizon.

Les femmes, pour mieux voir, courront vers les collines,
Entraînant les vieillards aux branlantes échines,
Et les petits enfants au sourire vermeil ;
Et, quittant, pour le Rhin, les neiges éternelles,
Les corbeaux voleront si nombreux que leurs ailes,
De leur nuage noir, voileront le soleil.

L'ALSACE. — Dessin de JUNDT

Oiseaux, qui vous appelle aux lugubres besognes?
Quel charnier vous attire, ô mangeurs de charognes ?
Le Walhalla n'est-il pas encore assez plein?
Les chevaliers germains ont dégrafé leur heaume,
Et la mort enchaînée aux pieds du vieux Guillaume,
Comme un dogue repu, dort tranquille à Berlin.

Oiseaux, le temps n'est plus aux grandes funérailles;
Qui peut vous inviter aux festins des batailles ?
Sur l'Europe étendu, le colosse allemand,
Les pieds au mont Jura, la tête à la Baltique,
Peut laver sa main gauche au golfe Adriatique
Et sa droite à la mer du roi Canut-le-Grand !

Vous direz. Mais, passant, quelque vieille corneille
Croassera ces mots : « L'Alsace se réveille ! »
Alors vous comprendrez ces étranges lueurs.
On reverra les jours des grandes épopées ;
Nous donnerons, joyeux, à boire à nos épées,
Et du vieil étendard riront les trois couleurs !

Et, dans ce coin volé de votre immense empire,
Comme aux temps fabuleux racontés par Shakspeare,

Les forêts de sapins marcheront vers le Rhin.
Nos morts de leurs tombeaux soulèveront les dalles,
Et, des petits clochers aux vieilles cathédrales,
Le tocsin sonnera dans les cloches d'airain !

⚜

Sans pousser un soupir, sans verser une larme,
A chaque homme la femme apportera son arme :
Chassepot, pistolet, soc de charrue ou faux ;
Et lui clouant au front notre vieille cocarde,
Lui serrera la main en disant : « Dieu te garde !
En avant pour l'Alsace et la France ! Il le faut ! »

⚜

Et tout se lèvera, dès qu'aux bords de la Sarre,
On entendra de loin la joyeuse fanfare
Et le pas redoublé des tirailleurs français...
Alors défiez-vous du moindre coin de route,
Du vagabond qui dort, de la chèvre qui broute,
De la chouette aux bois, du crapaud aux marais !

⚜

Car nous sommes les fils des tribus insoumises !
Leurs âmes, nos aïeux nous les ont bien transmises !
Les uns ont arrêté la terrible Horde-d'Or ;
Ceux-là vous ont lâché la guerre paysanne,
La Lorraine a donné la grande vierge Jeanne,
Et l'Alsace, Kléber, l'enfant de Messidor.

12

Et le sang lavera toutes nos vieilles hontes !
Les Shyloks couronnés acquitteront leurs comptes,
Œil pour œil, dent pour dent, coup pour coup, liard pour liard.
Et, fleuve impérial, roulant de rouges ondes,
Rhin, tu diras aux mers et vous, mers, aux deux mondes,
Que le Droit sait primer la Force tôt ou tard !

Et maintenant partez front lauré, poche pleine.
Emportez les écus. Nous ! nous gardons la haine,
La haine qu'au foyer nous avons fait asseoir,
Qui prend nos nouveaux-nés pour leur bronzer les âmes,
Qui souffle ses fureurs aux baisers de nos femmes
Et qui nous fait vous dire : Allemands, Au Revoir !

Édouard SIEBECKER.

LES ÉTANGS DE SAINT-PAUL-DE-VARAX. —Dessin de L. BARILLOT

L'église à Veuillot

CHANSON FRANÇAISE

Air de *Madame Angot*.

I

A Veuillot, qui la nie,
J'ai beau chanter, en vers,
L'immortelle harmonie,
Ame de l'Univers...
Ce que Monsieur réclame,
C'est... l'immobilité,
Nécessaire à Madame
L'infaillibilité.

REFRAIN

Très payenne,
Pas chrétienne...
N'adorant que le gros lot.
Mais... bégueule,
Forte en gueule...
Telle est l'église à Veuillot.

II

Cette admirable église,
Spéculant crânement
Sur l'humaine bêtise...
Vise au gouvernement !
Le Dieu, que l'on y prêche...
Suprême espoir des rois,
N'est pas né dans la crèche...
N'est pas mort sur la croix.

III

C'est le Dieu de la foudre...
Dès leur premier péché,
Voulant réduire en poudre
Et l'Amour et Psyché...
A moins que par un cierge,
Bien placé, l'amoureux...
N'obtienne que la Vierge
Intercède pour eux.

IV

Sur notre triste engeance,
Pour mille et mille cas,
Sa mesquine vengeance
Survit même au trépas...

Jusqu'au jour où le prêtre,
Bien payé pour cela...
Télégraphie au maître :
« C'est réglé..., halte-là ! »

V

La céleste rancune,
A bien y réfléchir...
Pourrait bien n'être qu'une
Façon de s'enrichir...
Si les marchands du temple
N'en peuvent être exclus,
Donnons un autre exemple,
En n'y pénétrant plus.

REFRAIN

Très payenne,
Pas chrétienne...
N'adorant que le gros lot.
Mais... bégueule,
Forte en gueule...
Telle est l'église à Veuillot.

EUGÈNE BRETON.

Croquis, par HENNER.

SPES

~~~~

. . . .

Ami, ton âme est triste et ta colère est sainte;
Ta lèvre a bu le fiel de toutes nos douleurs,
Mais le chant d'espérance est plus haut que ta plainte,
Il calmera ton âme et tarira tes pleurs.

. . . .

Et vous, fils ennuyés d'un siècle sans jeunesse,
Pour de nouveaux autels cherchez de nouveaux Dieux;
S'il doit nous rajeunir que l'Olympe renaisse!
Tout est jeune, d'ailleurs, et vous seuls êtes vieux.

. . . .

Ressuscitez-les donc, ces beaux siècles antiques,
Où les lois et les Dieux, d'un même esprits unis,
Écartaient des cités ces fureurs fanatiques
Et ces bûchers des temps que la Croix a bénis.

Pâle nazaréen, qui chassas leurs images,
Quels cieux nous ont ouverts les prêtres de ta loi?..
Songeur mystique et doux qu'étonnent tant d'hommages,
Toi-même, savais-tu ce qui naîtrait de toi?

Ils ont courbé les fronts, sous leurs pieds que tu laves,
Ainsi que des roseaux que le vent fait plier.
Ils ont changé ton Livre en un code d'esclaves,
Et les bras de ta croix en un mancenillier.

. . . .

Nous l'avons conjuré, ce fatal anathème,
Qui damnait la nature et livrait les esprits !...
La plus haute conquête est celle de soi-même ;
Et c'est être sauvé que de l'avoir compris.

. . . .

Ami, console-toi ! Sois fort, sois bon, sois juste.
La volupté du sage est faite de combats.
Si le Mal est puissant, la Sagesse est auguste ;
Si le monde est obscur, le Devoir ne l'est pas.

Dr POUJADE.
Député

Avignon, décembre 1852.

LES LAVEUSES. — Dessin de BOETZEL

LA SÉANCE INTERROMPUE. — Dessin de BALLAVOINE

LE RETOUR DES HADJIS. — Dessin de Auguste-Alexandre HIRSCH.

UNE VUE DU PERCHE. — Dessin d'Eugène LAVIEILLE.

Les Femmes

~~~~~~~~

Plus j'aime les femmes, plus
je les admire et moins je
les veux gâter dans le tourbillon
politique.

Les femmes ne sont pas nos
égales : elles nous sont supérieures
puisque nous leur obéissons.

Tout homme d'esprit qui ne
sait pas résister à deux beaux
yeux se prononce contre
l'éligibilité des femmes.

Ed. Millaud

LA FEMME PROFESSEUR

LA FEMME MÉDECIN

LA FEMME OFFICIER

LA FEMME AVOCAT

LA FEMME ÉLECTEUR

Voilà le hic !

Nous publierons dans le prochain album de la *Marmite*, une spirituelle pièce de M. le Sénateur Bozérian, qui nous est arrivée trop tard pour l'insérer.

Dessin de BIENVÊTU

L. Sergent

LA MARMITE

Dessin de BIENVÊTU.

LISTE DES MEMBRES

A

ALLELIX, Négociant.
ANDRIEUX, Député, Préfet de Police.
ANTHIOME, Professeur au Conservatoire de musique.
ABREL, Sénateur.
AUDIFFRED, Député.

B

BAGNAUX (de), Directeur du Secrétariat et de la Comptabilité au Ministère de l'Agriculture et du Commerce.

BAILLY, Chef-Adjoint du cabinet du Préfet de Police.

BALLAVOINE, Peintre.

BARILLOT, Peintre.

BARTHOLDI, Sculpteur.

BASCHET, Éditeur.

BÉRARDI, Rédacteur de l'*Indépendance belge*.

BERLET, Député.

BERNE-BELLECOUR, Peintre.

BERT (Paul), Député.

BEURDELEY (Émile), Ingénieur civil.

BEURDELEY (Paul), Avocat, adjoint au Maire du VIIIe arrondissement.

BIENVÉTU, Peintre.

BIERNSTHIEL, Négociant.

BIGOT (Charles), Rédacteur du *XIXe Siècle*.

BIHOUR, Préfet du Pas-de Calais.

BILLOT, Général, Sénateur.

BŒTZEL, Peintre, Dessinateur et Graveur.

BOUCEAU (Albert), ancien Député.

BOUDET, Sous-Préfet de Marvejols.

BOULEY, Membre de l'Institut, Professeur au Muséum.

BOURGEOIS (Léon), Secrétaire général de la Marne.

BOUTIN, Chef du cabinet du Ministre des Finances.

BOUVIER, Attaché au cabinet du Ministre des Finances.

BOZÉRIAN, Sénateur.

BRÉNOY, Pharmacien à Tergnier.

BRETOCQ, Directeur-Adjoint de la *Garantie générale*.

BRETON, Répartiteur de la ville de Paris.

C

CAHEN, Sous-Préfet de Saint-Jean-de-Maurienne.

CAMESCASSE, Directeur au Ministère de l'Intérieur.

CANDELIER, Sous-Préfet de Saint-Jean-d'Angely.

CARETTE, Maire d'Abbeville.

CARPENTIER, Encadreur.

CAZE, Député.

CAZOT, Sénateur, Ministre de la Justice, Garde des sceaux.

CHANTEMILLE, Député.

CHATENIER (AD. M.), Docteur-Pharmacien.

CLARETIE (Jules), Homme de lettres.

CLÈRE (Jules), Homme de lettres.

COQUELIN, aîné, de la Comédie-Française.

COQUELIN, cadet, de la Comédie-Française.

CORNIL, Député, Professeur agrégé à la Faculté de médecine.

COURCELLE-SENEUIL, Conseiller d'État.

COURCENET, Attaché à la Questure du Sénat.

COUTURIER (Léon), Peintre.

CROCHET, Entrepreneur général des asphaltes de Paris.

CROUSSE, Préfet de la Corrèze.

D

DEFERT, Avocat à la Cour de cassation.

DEHAU, Rédacteur du *Siècle*.

DELAUNAY, Docteur en médecine.

DELATTRE, Conseiller général de la Seine.

DEMELIN, Avoué à Senlis.

DEMIERRE, Négociant.

DEMOMBYNES, Avocat.

DETHOU, Député.

DETOT, Sténographe reviseur de la Chambre des Députés.

DEVELLE, Député, ancien Sous-Secrétaire d'État de l'Intérieur.

DEVÉS, Député.

DEVOISIN (Osmin), Sous-Préfet de Largentière.

DIETZ-MONIN, ancien Député.

DOUVILLE-MAILLEFEU (de), Député.

DRÉO, Député.

DREYFUS (Ferdinand), Député.

DREYFUS (Ferdinand), Chef du cabinet du Sous-Secrétaire d'État des Finances.

DROZ, Avocat.

DUHAMEL, Conseiller général du Pas-de-Calais, Secrétaire général de la Présidence.

DUMESNIL (Léon), Secrétaire général de l'Aveyron.

DUPONT, Député.

DUQUET, Avocat.

F

FABRE (Jules), Avocat.

FAIVRE, Avocat.

FAURE-BIGUET (Lieutenant-Colonel), Sous-Directeur de l'infanterie au Ministère de la Guerre.

FERROUILLAT, Sénateur.

FERROUILLAT, Journaliste.

FEYEN-PÉRIN, Peintre.

FEYEN (Eugène), Peintre.

FLOQUET, Député.

FOCHIER (Victor), Avocat général à la cour de Lyon.

FOCHIER (Louis), Professeur adjoint au lycée Louis-le-Grand.

FOLLIET, Député.

FONTAINE, Avoué au Tribunal civil.

FOUINEAU (Ernest), Adjoint au Maire du VIᵉ arrondissement.

FOURNERET, Secrétaire particulier du Président de la République.

FRANCISQUE-MICHEL, Attaché au cabinet du Ministre de l'Intérieur.

FRANCK-CHAUVEAU, Député.

FRÉMINET, Député.

FRESNE, Préfet de l'Hérault.

G

GARNIER, Peintre.

GATINEAU, Député.

GENEST, Avocat.

GERMER-BAILLIÈRE, Éditeur, Conseiller général de la Seine

GILLIOT, Député.

GIRERD, Député, Sous-Secrétaire d'État du Ministère de l'Agriculture.

GIROT-POUZOL, Député.

GIRY, Secrétaire de l'École des Chartes.

GOBLET, Député, ancien Sous-Secrétaire d'État de la Justice.

GOIRAND (LÉONCE), Avoué à la Cour.

GOIRAND (LÉOPOLD), Avoué au Tribunal civil.

GOUBERT, Docteur en médecine.

GOUDEAU, Homme de lettres.

GRANDMOUGIN, Homme de lettres.

GRAUX, Fabricant de bronzes d'art.

GRENIER, Secrétaire général de Seine-et-Marne.

GRIMAULT, Industriel.

GUÉNEBAUD, Docteur en médecine.

GUILBERT, Sculpteur.

GUILLAUMET, Peintre.

GUILLEMET, Peintre.

GUILLOT, Député.

GUYOT, Député.

H

HAMEL (ERNEST), Conseiller général de la Seine.

HEBERT, Sous-Préfet de Sarlat.

HENNER, Peintre.

HENRY (LUCIEN), Avocat.

HERBETTE, Préfet de la Loire-Inférieure.

HÉRÉDIA (DE), Conseiller général de la Seine.

HESSE (LUCIEN), Avocat.

15

HIÉLARD, Négociant.
HIRSCH (Alexandre-Auguste), Peintre.
HISTA, Peintre-Décorateur.
HUGUET, Peintre.

J

JACQUEMART, Inspecteur d'Académie de la Seine.
JAHYER (Félix), Homme de lettres.
JARLOT (James), Notaire à Autun.
JAVAL, Docteur en médecine, Conseiller général de l'Yonne.
JAVAL, Sous-Préfet de Lunéville.
JOLIET (Gaston), Sous-Préfet de La Flèche.
JOLY (Albert), Député.
JONES, Avocat.
JOURNAULT, ancien Député.
JUNDT, Peintre.
JUNG, Lieutenant-Colonel, Aide de camp du Ministre de la
    Guerre.

K

KAEMPFEN, Inspecteur des Beaux-Arts.
KASTLER, Adjoint au Maire du VIII° arrondissement.
KŒCHLIN-SCHWARTZ, Maire du VIII° arrondissement.

L

LAGORRSE (de), Inspecteur adjoint des services administratifs du
    Ministère de l'Intérieur.
LAISANT, Député.
LALANNE (Maxime), Peintre.
LANGLOIS, Député.
LA PORTE (de), Député.
LASSEZ, Directeur de la *Réforme*.
LAUGIER (André), Sous-Préfet de Rambouillet.
LAUGIER (Paul), Sous-Préfet de Montluçon.
LAURENT, Bibliothécaire de la Chambre des Députés.
LAURENT-PICHAT, Sénateur.

LAUTH, Directeur de la Manufacture nationale de Sèvres.

LAVIEILLE (Émile), Peintre.

LAVIGNE, Sténographe de la Chambre des Députés.

LEBRASSEUR, Avocat.

LECHERBONNIER, Député.

LECOMTE, Député.

LEDRU, Avocat.

LEFEBVRE (Charles), Sténographe à la Chambre des Députés.

LELIÈVRE, Député.

LELOUP, Étudiant.

LE MAILLIER, Sous-Préfet de Fontainebleau.

LEMEUNIER, Avocat.

LEPÈRE (Charles), Député, ancien Ministre de l'Intérieur et des Cultes.

LÉPINE (Louis), Sous-Préfet de Langres.

LÉPINE (Raphael), Professeur à la Faculté de médecine de Lyon.

LE ROYER, Sénateur, ancien Garde des Sceaux, Ministre de la Justice.

LEVAILLANT, Secrétaire général de la Préfecture du Rhône.

LEVET, Député.

LÉVY, Négociant.

LIGIER (Hermann), Sous-Préfet.

LIOUVILLE (Albert), Avocat.

LOCKROY (Édouard), Député.

LOMON, Homme de lettres.

LORIN, Dessinateur.

LOUSTALOT, Député.

LUCAS, Peintre.

M

MAHY (de), Questeur de la Chambre des Députés.

MAILLART, Peintre.

MANGIN (Arthur), Publiciste.

MARMONIER, Avocat.

MASSOL, ancien Pensionnaire de l'Académie nationale de musique.

MATHÉ, Député.

MATHEY (Alfred), Sénateur.
MAUCOMBLE, Avoué.
MAUGIN, Docteur-Médecin.
MAUMY (Jules), Industriel.
MAYENET, Architecte.
MÉLINE, Député.
MERCIER, Secrétaire général de l'Allier.
MILLAUD (Édouard), Sénateur.
MILLOT, Général.
MOREAU, Chef de bureau au Ministère des Travaux publics.
MOUCHOT, Peintre.
MOULIN, Sculpteur.
MOULLION (A.), Peintre.

N

NANO (Christian), Sous-Préfet de Vouziers.
NANO (Georges), Élève de l'École des Ponts et Chaussées.
NICOLAIS, Commis d'Agent de change.

O

OGER, Professeur d'histoire.
OLLENDORF, Attaché au cabinet du Ministre de l'Instruction
    publique et des Beaux-Arts.
OLLIVIER, de la maison A. T. Stewart.

P

PAREJA, Licencié ès-lettres.
PARENT, Sénateur.
PARIZOT, Trésorier-Payeur général des Vosges.
PARMENTIER, Sous-Préfet de Mortagne.
PASQUIER, Conseiller de Préfecture de la Seine.
PATÉ (Lucien), Sous-Chef de bureau à l'administration des
    Beaux-Arts.
PERRAS, Député.
PERRET (Aimé), Peintre.

PETITIER, Substitut du Procureur de la République à Versailles.

PHILIPPE, Député.

PITTIÉ, Général, Commandant de la Maison militaire du Président de la République.

PONTLEVOY (DE), Député.

POUJADE, Député.

R

REYNAU, Député.

RICHTENBERGER, Secrétaire particulier du Préfet de Police.

RIDOUX, Inspecteur d'Académie du Jura.

RIGAULT, Étudiant en médecine.

RISLER (CHARLES), Ingénieur.

RITTER (THÉODORE), Pianiste-Compositeur.

RIU, Colonel, Commandant militaire de la Chambre des Députés.

RIVET (GUSTAVE), Chef de cabinet du Sous-Secrétaire d'État des Beaux-Arts.

ROBERT (EDMOND), Préfet de l'Ardèche.

ROBERT (LÉON), ancien Député.

ROUSSEAU, Directeur au Ministère de l'Intérieur.

ROUSSEL (ANDRÉ), Avocat, Conseiller général de l'Oise.

ROUSSELLE (CHARLES), Conseiller d'État.

ROUVIER, Député.

S

SABATIER, Avocat.

SAINSÈRE, Sous-Préfet de Loudéac.

SAINT-YVES, Sous-Directeur au Ministère de l'Intérieur.

SALNEUVE, Sénateur.

SALOMÉ, Avoué à Pontoise.

SAULNIER, Avocat.

SAULNIER, Négociant.

SCHEURER-KESTNER, Sénateur.

SÉE, Sous-Préfet de Louviers.

SEINGUERLET, Homme de lettres.

SELLENICK, Chef d'orchestre de la Garde républicaine.
SERGENT, Peintre.
SIEBECKER, Homme de lettres.
SIMON, Négociant.
STRAUSS, Sous-Préfet de Bayeux.
SWARTE (Victor de), Trésorier-Payeur général.

T

THIBAUDIN, Général, Directeur de l'Infanterie au Ministère de la Guerre.
THORENS, Docteur en médecine.
THULIÉ, Docteur en médecine, Conseiller général de la Seine.
TIRARD, Député, Ministre de l'Agriculture et du Commerce.
TISSOT, Étudiant en médecine.
TONDU, Député.
TOUTÉE (Paul), Substitut du Procureur de la République à Lille.
TRÉLAT (Émile), Directeur de l'École d'architecture.
TRÉLAT (Gaston), Architecte.

U

ULMANN, Peintre.

V

VACHERON, Avoué au Tribunal civil.
VALABRÈGUE, Maître des requêtes au Conseil d'État, adjoint au Maire du VIᵉ arrondissement.
VALLERY-RADOT, Secrétaire particulier du Président du Conseil.
VANNACQUES, Chef de bureau au Ministère de l'Agriculture et du Commerce.

VASNIER, Greffier des bâtiments.
VAVASSEUR, Avocat, Adjoint au maire du Vᵉ arrondissement.
VIETTE, Député.
VILLAIN, de la Comédie-Française.
VUILLEFROY (DE), Peintre.

W

WILSON, Député, Sous-Secrétaire d'État des Finances.

Z

ZURLINDEN, Sous-Inspecteur des forêts, à Moulins.

Dessin de BIENVÊTU

La Marmite a eu ses deuils, et en publiant la liste de ses membres, nous croyons remplir un devoir en rappelant le souvenir de ceux qu'elle a perdus, et dont elle honore la mémoire.

FRANÇOIS GENIN, homme de lettres.

JULES BARNI, député.

Le Colonel DENFERT-ROCHEREAU, député.

POTEL, Avocat à la Cour de cassation.

MAURICE VÉRAN, Avocat, Conseiller général de la Seine.

TABLE DES MATIÈRES

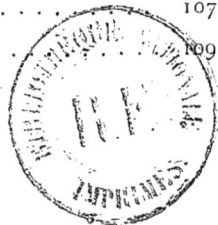

C. MOTTEROZ

www.ingramcontent.com/pod-product-compliance
Lightning Source LLC
Chambersburg PA
CBHW051730090426
42738CB00010B/2191